日本トコトコッ

博報堂ブランドデザイン
スマートX都市デザイン研究所長
深谷信介地域巡業記

日本トコトコッ

博報堂ブランドデザイン
スマートX都市デザイン研究所長
深谷信介地域巡業記

つくば霞ヶ浦りんりんロード

#0 はじまります

「ここんところあちこち出張しているみたいだし、いろいろな体験や発見があるだろう〜？　ちょっと書いてみてくれないか？」

　そんなビックリするような、でも何気ないお誘いから、数ヶ月。博報堂ブランドデザインＹさん・広報室Ｔさんとほんわか愉しい企画会議を経て、コラム「日本トコトコッ（にっぽんとことこっ）」が２０１６年10月31日（大安吉日）よりはじまります。

　企業ホームページのなかで、地域の話題を柔らかく、ゆるっとホッとできるようなコラムに仕立てていきます。

　課題先進国にっぽんの「真の最先端」は、地域であり、ひとつひとつの集落だと思うのです。そこにある難課題を解決に導き出せれば、必ずや次の日本を生み出す原動力となる、次の世界を導く礎となる。そんな随分と遠い果てを思いながら、日々 てくてくとことこ よちよち歩きで地域を巡る出張紀行。

　七転び八起き、三歩進んで二歩後退、を繰り返しながら、そのまちにピッタリのあしたをみつめながら、ゆっくりじっくりしっかりと、足でからだでまちとシンクロしていきたい。

　日本トコトコッ（にっぽんとことこっ）はじまりはじまり、どうぞよろしくお願いいたします。

#1　金持（という名の…）

地域は、ほんとうに宝の山。

ビックデータに格納されないアナログな資産が、静かに確かに眠っています。

人口３３００人、山あいの小さな小さなまち鳥取県日野町は、いまから１００年ほど前まで日本中を牽引していた、賑わい豊かなところでした。

たたら製鉄ってご存知ですか？

日本は古来から独自の製鉄技術を磨いてきました。特に伯耆《ほうき》國（現鳥取県西部）、出雲《いずも》國（現島根県東部）などは鉄づくりのまちとして繁栄を極めました。日々のくらしを支える農機具を作る鉄から日本刀製作にかかせない玉鋼まで、あらゆる鉄の原材料を生産加工し、日本を、そして世界を支えてきた、そんな地域です。この鉄があったからこそ、野良仕事は格段にラクに効率的になり米や野菜などの収穫高があがったり、荒れた大地を丘陵の斜面を田畑に広げていったりすることができたのです。

村下《むらげ》と呼ばれる鉄づくり技術者の長のもと、山を切り崩して砂鉄を採り、木を切って木炭をつくり、三日三晩火を起こし、眠るコトなく鉄をつくります。

数ｍにもたち昇る火を扱う鉄づくりは、危険と背中合わせのまさに超重労働。火加減一つでできあがる鉄の良し悪しが決まる厳しい作業です。

鉄づくりで日本を支えてきた、今風にいえば企業城下町といったところですね？

そんなしごとを見守っていただくために、たたら場を守る神様を祀っていました。

例えばこの金持神社。

天之常立尊を御祭神とする全国でも数少ない神社。「かもちじんじゃ」と読みます、「かねもちじんじゃ」じゃありませんよ。

鉄のことを当時は　かね（金）と呼んでいたのです。

10年ほど前から、このまちの資産をゆっくりじっくりしっかりと魅力に変えていった方々がいらっしゃいました。

神社札所売店には、ここでしか購入できないとてもユニークな開運・金運祈願のお土産が多数並んでいて、中国地方・関西地方を中心に開運・金運祈願に訪れるひとが絶えません。

そのひとつが、大きく「金持」の字が入った、黄色い名刺入れ。

お会いする方々とその方の所属する団体・企業の繁栄をお祈りしながら、名刺交換をさ

金持神社（鳥取県日野町）

せていただいております。どなたも、この名刺入れを見てものすごくびっくりされますがわたしはこの大判小判を模したこの意匠がとても気に入っています。

金持神社（もう読めますね、かもちじんじゃです）参拝者がついに年間30万人に迫ってきています。まちの人口の１００倍のひとたちが訪れる神社、現在、産業の乏しいこのまちがミライに続いていけるように思慮を重ねて動いていきたいと思っています。

温かいまちのひとに囲まれて このまちにしかない豊かな資産をかけがえのない魅力に磨いていく、その扉も開いてくださる大切な神社です。

時は金なり

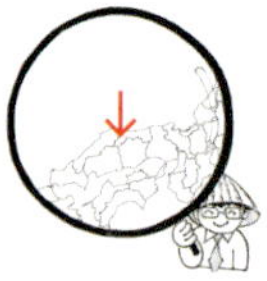

●金持神社
住所：〒689-4512 鳥取県日野郡日野町金持 1490（金持神社札所）
アクセス：JR 伯備線根雨駅下車 3.5km ～タクシーで約 7 分
URL：http://kanemochi-jinja.net/

1　鳥取県日野町の風景
2　金持神社札所
3　名刺入れ

コラム ①

金持神社にあやかって、金持テラスひの・オープン!

伯備線根雨駅は、特急も止まる日野郡のまさに真ん中。そんな駅の近くに随分と前から使用されていない商業施設があります。一時は多くのひとで賑わっていたところ。まちの中心に何もない状況がずっと長く続いていると、まちもだんだん寂しさがつのっていくことに…。

そんななか、一大決心で町役場が大きく動く。

この施設をまちが買い上げ、もう一度この地に賑わいをとりもどそうというのです。人口３３００弱のこの小さなまちが、どのようにしてこの大事業をすすめていくのだろう?

いまから10数年ほど前、金持神社の札所(売店)の話で、まちはちょっとした騒ぎになりました。売店を閉じるというのです。当時は参拝客もまばら、売店で買い物をするひともちろんまばら。厳しい経営状態が続き、いっそのこと売店をやめてしまおうという話に、残念ながら商工会もまちづくり会社も売店再建に名乗りをあげることができませんでした。

そんななかあるひとが立ち上がったのです。まちが一切口出ししない、自分に一切を任せてくれるということを条件に札所売店の経営を担おうというのです。

議論の結果、まちはその方に一切を任せることにしました。その後観光協会に席を置き、品揃えの改革・働き方の改革・ひと集めの改革、３本の改革を柱に、売店ビジネスの変革は始まりました。まずは品揃え、とにかくユニークなものを・ここでしか買えない商材を開運・金運を想起できる関連する商材を揃えていくことにしました。あの名刺入れから棚からぼたもち、裁断済みの古紙幣がちりばめられた扇子などなど… 思わずお土産にしたくなる商品を1つずつ揃えていきました。

働き方にも着手。このエリアでは破格の高時給を設定し、隙間時間で手軽に働きたいという子育て世代のパートニーズを掘り起こしました。しかもそのパート仲間うちで自分たちが一番働きやすい勤務シフトをみんなで作成し運営してもらいました。多忙でかつ子供の病気など突発的な何かがよく起こる奥様方が、自主性と助け合いで働く環境を作り守り続ける仕組みと仕掛けです。

そして集客力アップには、「黄色いハンカチツアー」や「財布お祓い」など、開運を予感させるメニューで、大きなひとの流れをつくっていきました。

多方面にわたるこの工夫は初年度から功を奏し、なんとずっと黒字経営が続いています。ここでしかない縁起物、開運・金運へのひとびとの願いが相まって、今現在年間20万人を越える人々が訪れる場所となりました。お客様の声を聞き、それを活かして工夫を続ける。そんな多彩な工夫の連鎖が、日々の確実な営みが、大きな成果を生んだのです。

あまり知られていませんが、日野町は官民連携でこんな奇跡を起こしていました。財政の厳しかった町役場も10数年の歩みのなかで健全化されてきました。この「金持テラスひの」も、普通に考えるとかなり無謀なプランにみえてしまうのですが、もしかすると…という思いがこみ上げてきます。

さあどうするか?役場職員と観光協会があれこれと考えに考えたあげく、辿り着いたのは、いままでじっくり

1 金持テラス
2 金持テラス宝くじ売場
3 金持テラス宝くじ売場オープニング
4 金持テラス
5 金持テラス
6 金持テラス
7 金持神社初もうで
8 金持神社札所
9 金持神社札所

とじっくりと温めてきたアイデア、「宝くじ売り場を商業施設に！」でした。開運・金運を金持神社で願い、その足でこの商業施設に誘導し、思いを込めて宝くじを購入してもらう。そんな人々のこころの動きを触発するキラーコンテンツです。以前から金持神社札所売店で宝くじ販売を考えたこともありましたが、売店は手狭で適さないため断念していました。

小さなまちの大きなアイデア。これはイケル、わたしの直感がビリビリとしびれました。この話を聞いていくつかの企業が商業施設内に出店を決めてくださった。施設のネーミングも金持神社と連動させ「金持テラスひの」としました。

金持神社の参拝客をこの商業施設へ呼び込むことができれば、まちなかの資産をご紹介できます。10数件もある食堂・レストランに誘引したり、出雲街道宿場町根雨宿のまちなみへもご案内できます。

個別の施設が順次オープンしながら、２０１７年12月1日待望の宝くじ売り場がオープンしました。年末ジャンボ宝くじを買い求める人たちで、テラスの賑わいが再度うまれはじめました。つい数ヶ月前までは訪れるひとがひとりも訪れなかったこの地で。

あとは、当選者を待つのみ！

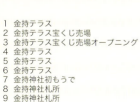

#2　75の島

「島、行こうか?」


尊敬する人望の厚い上司から声を掛けられたのは、出発数日前。

なんだかよさそうという直感が動いて「ハイ、行きます」と2つ返事で、当日朝早い新幹線で西に向かいます。待ち合わせは岡山駅。そこから先の切符すら持ち合わせていない私。そこには、ステキな女性とステキな先輩が佇んでいて、3人で乗り継ぎ電車に飛び乗りました。


初めて訪れる地は、何も調べずにふらっと行く。わたしの大切にしているトコトコッ・ルール。

本を読んだりネットで検索したりすれば、いまの世の中大方のことは知り得るし、写真や動画はまるで自分がその地に立ったかのようなリアリティ感満載だけれど、事前情報で自分のアンテナがそっちの方向に引き寄せられていく、それが自分にとっては結構な違和感なのです。


せっかく初めて行くところなのだから、ちょこっとの探険・探索気分がとっても愉しい。

「岡山市内にあるこの島は、市内唯一の有人島なんですよ～」

アテンドしてくださった方から道すがらいろいろなお話を聴きます。これがいい。たまらなくいい。少しずつ近づきながら、少しずつその地のイメージが広がってくるこの感じ。これこそ旅。五感を刺激されながら得る情報は、確実に腹に入るしからだが覚えます。


一周約4㎞のその小さな島は、宝伝というご利益高そうな地名の港から、船で約10分のところにあります。石材業・銅の製錬工場・化学工場…大きな産業・工場が、時代の変化とともにこの地で生業をつくり、最盛期には5000人とも6000人ともいわれる人がこの地に住み、働き、暮らしていたそう。


長崎の軍艦島に象徴されるように日本の島々・瀬戸内海の島々は、そんな割と過酷な産業・工場が集積していた場所でもあったようですね。

時代に向き合い、いろいろな産業で栄えたこの島の人口は、現在は、なんと25名。

そして平均年齢はなんと驚愕の75歳。そう75歳の島なのです。

ここでは、わたしも、超若手でひよっこ。

あと数年経つと日本全体の平均年齢は50歳の大台に乗ります。

そんななかその5割増しを快走するこの島の名前は、犬島。

年間3万人〜5万人が訪れる、この島。人口の1000倍2000倍の交流人口があるのです。島にはいくつかの赤茶けた煙突がいまでもそびえているのが見え、当時の繁栄のあとを感じながら、港へ停泊。島につくと、本日島を案内をしてくださるひとのお出迎え。ドラマっぽいシーンに思わずドキドキッ。

まずは、島の主産業だった製錬所跡をリノベーションした美術館から視察。

建築推しのわたしが気になっていたひとり、三分一博志氏設計の犬島精錬所美術館がそこにありました。

1　遠くに赤茶けた煙突が見える
2「犬島　くらしの植物園」でくつろぐおばあちゃんたち

太陽や地熱、銅製錬の副産物であったカラミ煉瓦、地形などを利用した自然空調システムが巧みに活かされ（エアコンなしです！）、かつ日本の近代化に警鐘を鳴らしたアート作品が展示されており、遺産、建築、アート、環境という要素を一体的に体感できる素晴らしい施設でした。これこそ、この地にしかできない「アートインレジデンス＝真のアート」なまちづくりだなと痛感しました。

歴史と地形に学ぶ、という我が師の教え通りの、都市計画的な遺構。まずこの産業遺構の美術館に足を踏み入れることから、島の地形歴史と日本の歩んできた道を体感できる、すばらしい装置なのです。

五感フル動員でこの美術館を堪能したあと、犬島「家プロジェクト」という集落内のアート作品を拝見。

「風景とともに楽しむアート」といえるこのプロジェクト、空き家や廃墟のとなりに、圧倒的に斬新なランドマーク性を帯びかつそのテーマ性から思考を刺激する複数の作品に圧倒されます。

古民家ヨコに、現代アート。

正直超高齢の住民の方々に受け入れられているんでしょうか？　そんな疑問を持ち合わせたところ、7、8名のおばあちゃんが、超現代的屋外アート作品の周辺の草むしりのおしごとを、毎日毎朝せっせとおこなっているんだそう。訪れたひとびとに「ステキな島ですね」って言われるのが、とても嬉しいとのこと。

馴染んでいる、もとい一体化しているこの包容力、ひとの年輪は創造力を遥かに超えています。

加えて、毎朝みんなが草むしりに集合することこそ、ある種の見守りサービス。みんな今日も集まれたね、元気に草むしりできるねという証。終わったらいつものカフェで話に花を咲かせて、三々五々帰っていく。小さいながらも、この島に大切な、つぎの産業（おしごと手仕事）と福祉サービスが素敵ににインストールされているのです。

そんな感じの島に、移住者がポツリポツリと増え現在5名になりました。

あるものを活かし、ないものをつくる。

あるものを受け入れ、自然体でくらす。

地域は、ほんとうに宝の山。島は、もっともっと宝の山。

ビックデータに格納されないアナログな資産が、静かに確かに眠っていました。
日本中島なんだから、もっと島のことを知らないと！
島巡り、これからのあらたなトコトコッの定番になりそうです。

1

2

1　犬島「家プロジェクト」A邸
　荒神明香「リフレクトゥ」
2　犬島製錬所美術館

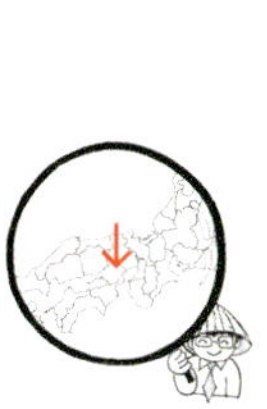

●犬島
住所：岡山県岡山市東区犬島
アクセス：JR 岡山駅から電車・バスを乗り継ぎ西宝伝バス停より徒歩 5 分の宝伝港から船に乗り約 10 分で犬島港へ
URL: https://www.okayama-kanko.jp/setouchijikan/setouchi03.html
●ベネッセアートサイト直島　http://benesse-artsite.jp/

#3 こうえん

好きですっ、公園！

昔から「こうえん行く？」って訊かれるだけで、いつもワクワクドキドキッ
お友達はいるし、気のいいおばさんがお菓子くれたり、怖そうに見えたおじさんがやけに面白い話を聞かせてくれたり、近所の犬や猫と遊べたり、缶蹴り、ケンケン、かくれんぼ…。なんて言ったらいいのでしょうか？　そうそう、それぞれの活動が1つの空気に包まれているというか、一体感があるというか、まちのなかがほあっとやわらかく、あったかい。

そんな魔法のライブスペース、それが「こうえん」でした。

そして月日が過ぎ…いつの間にやら、足が遠のき行かなくなってしまいました。

あのごちゃ混ぜ感満載の魅惑スペースは、いまどんどんなくなってきています。

すご～くおとなになってそんな場が少しカタチを変えてわたしの目の前に現れはじめたと、最近強く思うのです。


日本を「トコトコッ」していると、いろいろな方々からお声をかけてもらえることが実に多い。これって都会では珍しいことっ！

◯◯というひとに会って欲しい
◯◯の集まりがあるんだけどいっしょに出ないか
いいから夕食食べていけ、うちに泊まっていけ
俺が紹介すっから、いま電話すっから、そこ行ってけれっ
みんなを集めるから◯◯な話をしてほしい
何か想いや意思を持ったひとたちが、強く集まる場の引力・磁場に引き寄せられて、いろいろな場所でこうえんをさせていただくことが増えました。

そうなんです、講演なんです。

わたしにとって昔の公園が、いまはまさしく講演じゃないかと思うんです。

数名のアットホームな集まりから数百名が集まる格式張った議場、会場までゲストハウスやカフェ・古民家での雑談風トークから、学校や会議場、◯◯有識者会議といった公式の場まで。

北へ南へ東へ西へと疾風のごとく、月数回のペースで講演とか講義とかシンポジウムと

か会議とかトークショーという名の「お話の集い」をさせていただいています。
ライヴの醍醐味、ライヴならではの醍醐味。これを一番大切にしたい
どんな理由であれ、この超高度情報社会のなか、わざわざ時間をつくり、アナログに足を運んでくれた方々に、
同じテーマで関心を持ち、互いに研鑽し合える仲間だとしたら、
ココでしか伝えられないこと、この場でしか通い合えないこと、
体感していただきたいこと、
ホントウのことを、
ひとりひとりに、地道にコツコツしっかりとやりとりしていきたくなるのです。
オーディエンスのみなさまとつくりだすライブならではの会場の空気が、わたしの五感をも刺激し、ホントウでホンシツ的な、ここでしか話せない真のコンテンツに誘ってくださる。
綺麗にまとまったキーワードではなく、よく聴くはやりの専門用語でもなく、心身で体感・体験した「生身」のことを具体的な中身の詰まった「はなし言葉」で、自分の拙い経験を通して、全身で伝えていきたい。わたしの失敗を糧として、訪れたみなさまにはその道は迂回して前に進んでいってほしい。そういう「行間」を感じてもらえたらと思うと、言葉を紡ぎながらカラダが勝手に動いていきます。
講演、じつはとっても自分のためになっています。
江津市の地方創生シンポジウムでは、移住定住への並々ならぬ熱い想いを雄弁に語っていただき、思わず目頭が熱くなったり…
市民の現場に出向いて声を聞く「サンプラ・サクラガワ」では、寂しくなった商店街に思い切って店をリノベーションし、カフェレストランをはじめたデザイナーの誰にも言えない苦しみと向き合ったり…、まちの小さな居酒屋に呼び出され、家業の今後について一晩中語り明かしたり…。
ほかにも県の地方創生推進会議では、100名以上の前でみなさまのご苦労を慮りながらの講評やアドバイスを述べたり…
茨城での地方創生シンポジウムでは、ゲームを取り入れながら、右脳と左脳で理解し感じてもらったり…

千葉大学COC＋シンポジウム

まちてん 地方創生まちづくりフォーラムでは、先端的活動をする皆さまから現場の生のアクションを拝聴したり…

みなさんになるべくわかりやすく話をしたい、大切な部分を共有したい！と思うと、あれやこれや準備に試行錯誤をずっと繰り返してしまう。

移動中の飛行機とか電車・列車、バスやクルマのなかなど…、コトコトと揺られながら、時にそのまま寝てしまったりしながら、あれやこれやとトコトコ考えメモにする。

みなさんにとっていいお話ができたかどうかは、その時のオーディエンスの顔と雰囲気でわかるんです。すこし嬉しくなったり、ムチャクチャガックリしたり、を繰り返しながら…

自分の物差しって、あまり役に立たないんですね。

相手の物差しって、自分をあらぬ世界へ導いてくれる。

なんでこのテーマで私に声がかかったんだろう？　どうして門外漢のわたしをこの委員会に誘うんだろう？

なぜこの方はこんなに憤りをかんじているのだろう？　なぜ涙まで浮かべて自身の想いを語ってくれるのだろう？

そんな自分と向き合う機会をいただけるので、自分発見にかなりなったりする。

日本中、いままさに地方創生まっさかり。

え〜ほんと？ってなかなか実感を持てないひとや、この真ん中で元気に活き活きと活動されている方、いろいろな方々に挟まれて苦しんでいる方々…老若男女、学校学生先生から企業行政金融機関メディア団体その他、あらゆる方々から多方面にわたるお題をいただき、講演・講義の巡業もしているところです。

資産を魅力に変え、まちしごとにする。しっかりと孫子の代までそれ以降まで伝え続けていく。

身の丈にあった持続可能を。

地方創生ってこんなことだなと「いま」のわたしは、思っています。

来月のわたしはまた考えが変わっているかもしれませんが、4月から約10ヶ月ほどで、20回こうえんになりました。たったひとりでも、ほんのすこしでも、ビフォーアフターで、なにかを手にして帰ってもらえれば、最高のしあわせです。

ご縁があれば、日本中をトコトコッと…

#4　東京から日本一遠いまちの、ゴーコン！

東京駅よる10時。


残業？　はたまた少し飲んだ帰りでしょうか？

足早に帰路を急ぐビジネスマンが駅ナカを慌ただしく行き交う中、毎晩西へ向かって、静かにゆったりと出発する夜行列車があります。

サンライズ出雲。

鉄道好きな方々は、よくご存知ですよね。鉄チャンではないわたしは、東京駅から夜行列車が出ていることをまったく知りませんでした。

「東京から日本一遠いまち」。

そんなフレーズで地理の教科書に載ったことがあるまちへ。

今回は、飛行機でもなく新幹線でもなく、在来線を使って行ってみようと思ったのは、数ヶ月前。でもなかなか切符が取れないんです。人気あるんですね、夜行列車。1ヶ月前から予約がはじまるその日のあさ10時に、窓口に並んでなんとかゲット！

夜行列車は、30年ぶりかな？いつもの移動が、ちょっとドキドキ、そうとうワクワクしてきました。

夜食を買って、ついでに明日の朝食も買って、10時10分前に列車に乗り込みます。寝台のタイプはいろいろあって、わたしはこの2階の1人個室を選びました。カプセルホテルよりかなり広めで、大きな窓があるこの部屋は、なんかワンルームマンションみたいな素敵な居心地。車内は、とっても静か。浴衣も用意されていて、シャワーも付いている。とってもゆたかなひとりスペース。

見送る人が手を振る中、音もなくスーッと、サンライズ出雲はゆっくりと発車しました。部屋ごとの枕元にある小さなスピーカーから、車掌さんが直接ひとりひとりに語りかけるようにアナウンス。

「次のアナウンスは、岡山到着朝５時となります。みなさま、ゆっくりとおやすみくださいませ」

ほどなくゆったりとしたアナウンスが個室に響き、列車の電気が消え、動く寝室のはじまったのは、横浜を過ぎたあたりだったでしょうか？

レールの継ぎ目が奏でるカタンコトンという調べだけが、やわらかく響く。

サンライズ出雲

列車の揺れに身を任せて、ボーッとしていたら、最近あまり味わったことのない心地よい時に包まれ、あっという間にウトウトと…

「みなさま、おはようございます。あと◯◯分で岡山に到着いたします」

岡山到着、まだ周りは真っ暗。けれどもうすでに通勤・通学の方々がすでにプラットフォームに並んでいます。日本人ってちゃんとしてるなと感じる瞬間に、わたしは備え付けの浴衣にスエット姿でベッドの上…

岡山からは日の出とシンクロするように、コトコトと山合いを走り抜ける伯備線に入っていきます。

車掌さんのアナウンスも朝モードに変わったようです。ちょっとしたまちの案内を織り交ぜながら、なにか軽快な心地よい明るい声色になり、列車のカタコトッ音とうまくハーモニーを奏でて、日本トコトコッ感を強く演出してくれます。

鳥取・岡山の県境、分水嶺のご案内、大山、出雲、松江城…日本遺産のそんな景色を堪能しながら、ベッドの上の朝食。何気ないサンドイッチが、この上なく美味しく感じるひととき。

移動は、機能ではなくて、情緒を育むものだなぁ。移動こそ人類史のエポックだ!っなんて思いながら、コーヒーをいただき、12時間、終着駅ご縁の国・出雲駅に到着しました。東京から一番遠いまちへは、ここから在来線に乗り換えてもうちょっと。

一両編成の列車に数人のお客様が乗り込み、思い思いの時間を過ごしているよう。

海沿いを走るこの列車は、ともかく景色の変化が愉しい。山合いを抜けてきたからこそ、今回の海はまた格別。風が少し強い今朝は、風力発電もいい感じで動いていそうです。

そんなこんなで、ゴーコン開催地の江津駅にお昼過ぎに無事到着。昨晩10時に出発し本日お昼に到着、締めて14時間の列車の旅、無事終了です。

長かったのか短かったのか？いつもとは違うルートでいつもとはちがうユニークな時間を過ごしたのち、江津ビジネスプランコンテスト、略して「ゴーコン」の最終審査会に臨みます。

若手Uーターン起業家をまちぐるみで全面応援するこの取組は、ことしで7回目。

東京から一番遠いまちが、いま、クリエイティブクラス先端活動エリアに生まれかわっています。国もメディアもわたしたちも注目するこのまちは、ほんとうに「山陰の創造力特区」になりつつあるのです。

ビジネスプランコンテストを応援にくる、まちのひと150名。起業と実業の仕組みを強力に支えるNPO、商工会、信用金庫。そして、どこまでも黒子に徹し、きめ細やかなサポートをしつづける市役所職員のみなさま。

たいへんなことを愉しくすすめる。見えないところで多くの汗をかき続ける、だからうまくいくのかもしれません。

栄えある大賞は、『パクチーで稼げる農業を実践、江津に第3の特産品を』原田さんに決定しました。

みなさんも一度、訪れてみてください。飛行機ではなく、サンライズ出雲に乗って。

きっと車中、イノベーションのヒントをたくさん感じることができるかも、ですよっ。

あっと最後に…

江津駅で降り立ち、渡り廊下になっている青い高架橋を歩いていたまさにその時、わたしの横を全速力で駆け抜ける学生にすれ違いました。

もう列車は扉を閉め、発車している…

あ〜っ間に合わなかった、残念。彼は次の電車まで何時間待つんだろう…などと気を揉んでいたその瞬間、大きなブレーキ音がして、列車が止まり、ドアが開き、学生を乗せ、なにごともなかったように、列車は再出発していきました。まるで知り合いが自分のクルマにやさしく友人をのせるように。

便利や快適の先に、なにがあったのだろう？

江津から一番遠いまち、東京は大丈夫だろうか？

今日も「地域は大丈夫」と強く思いました。

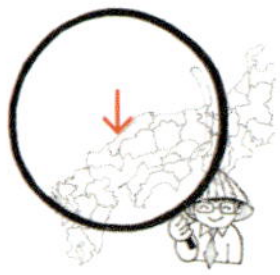

●島根県江津（ごうつ）市
アクセス：JR山陰本線江津駅
URL：江津市役所　http://www.city.gotsu.lg.jp/

1　江津風力発電
2　山陰本線
3　サンライズ出雲
4　江津駅ホーム
5　青い高架橋は上下ホームをつなぐ
6　日本海を臨む
7　ゴーコンの最終審査会①
8　ゴーコンの最終審査会②

コラム②

江津ビジネスプランコンテストについて

島根県は100年連続人口減という、日本で唯一の都道府県です。過疎という言葉の発祥地と言われていて、長い間人口減少問題に直面しています。そのなかで多くの移住定住施策のトライアルを繰り返してきていて、相当のノウハウを有する土地柄といえそうです。

東京から一番遠いまちとして教科書で紹介されたこともある江津市の人口は現在24000人。製造業で栄えてきたまちがその後厳しい環境下に置かれ、早くから移住定住促進に取り組みました。

「田舎暮らし」ブームにも乗り、当初はある程度順調に移住者を受け容れることができていましたが、リーマンショック以降状況が一変しました。田舎暮らしの想いはあってもしごとがなければ生活が成り立ちにくいし、移住に踏み出せない。

ここで江津市の職員たちは、大いに考えることとなります。練りに練って辿り着いた先は、挑戦意欲のある若者を発掘し、かつ地域の課題解決につながるビジネスを創出させる「ビジネスプランコンテスト」の実施だったのです。

多くの有識者に相談し、コンテストに加えて、そのプランを実現させるサポートを行う「起業支援・事業承継支援スキーム」の重要性を知りました。さっそくいろいろなステークホルダーに声がけをしていった結果、地元金融機関や地元商工会議所・商工会・NPO法人でごねっと石見などと支援スキームを設立することができました。

このビジネスプランコンテストと起業支援・事業承継支援スキームの両輪の取組を続けていく。結果、地産地消の農家レストラン、地場材を活用した家具デザイン・建築設計施工会社、パン工房、麦酒会社、ゲストハウス事業等、それぞれとてもユニークなビジネスプランを実践する若者起業家が次々と誕生し、大きな成果をあげています。さらなるUIターンが増加し、また彼ら同士をコラボレーションさせる役割を行政が推進し、さらなる新事業が次々と生まれるなど、まちぐるみの活性化へと歩みを進めています。

そんな江津市からご依頼をいただき、江津市版総合戦略立案のサポートを行い、「GO ▼ GOTSU 山陰の『創造力特区』へ」というまちづくりスローガンを策定するに至ったのです。つまり、今までの地に足のついた起業家発掘と支援の活動を梃子に、これからの移住定住促進策にも江津オリジナリティをもっともっと存分に発揮するという大英断です。新たな産業創出の起爆剤となるユニークな若手起業家にターゲットを絞りUIターンの誘致促進を行うと舵を切りました。

首都圏に対する最初のその本格的な移住促進のアクションとして、「東京なんて、フっちゃえば？展」と題したPRイベントを2016年3月東京・渋谷で実施。江津で活躍するクリエイターと世界で活躍するクリエイターによるパネルディスカッションや商品展示・物販は予想以上に好評を博し、江津には東京でもグローバルでも勝負できる素材・人材が集まっていることを周知することができました。

歴史を紐解けば、山陰地方は「たたら=和鉄」で日本や世界の鉄製品づくりを支えてきた鉄の生産地&原材料供給基地でした。ものづくりを支える生活習慣や文化が脈々と息づくまちでもある故、外来者をすぐに受け入れる懐の深いコミュニティが形成されているところも、この江津という地域のユニークネスであり、周辺市町村出身の地元の若者もUターン意向者も受け入れて江津に拠点を構えてもらうという「ほぼUターン」という現象も創出しはじめています。

　江津市は今社会増に転じていて、内閣府の「稼げるまちづくり取り組み事例集～地域のチャレンジ100（平成29年3月）」の特徴的な15事例の1つに挙げられています。

1　江津ビジネスプランコンテスト
2　大賞受賞の原田さん(右)
3　審査風景

#5　すべらない砂

２月といえば､そろそろ受験シーズン突入ですね。受験生のみなさま､体調いかがですか？準備万端でしょうか？懸命に準備してきた成果を惜しみなく発揮できることを、お祈りしております。頑張ってください！

４月から新しい年度がはじまる日本にとって、この時期はまさに受験ラッシュ、年明けに祈願に訪れた人も多いと思います。

タコ、カツ丼、ウインナー、語呂合わせで願掛けをすることも多い日本人の気持ちを汲んでか、最近では願掛けにあやかった商品も、よく見かけるようになりました。

今回は、そんな願掛けグッズを生み出した１つのものがたりを、ご紹介したいなと思います。

今を遡り、12年ほど前…。

山桜が美しい、天然記念物の桜も咲き誇る茨城県桜川というまちで、地域の方々がこのまちを元気にしたいな~との思いから、サクラサク里プロジェクトをはじめられました。

地域興しのために、桜を使ってなにができるか？桜の名所なので、桜推しでいきたいのですが、サクラの咲く時期はソメイヨシノで１週間、いろいろな種類が咲きほこる桜川の山桜でも長くて約１か月です。12か月・１年間まちを元気にするためには、あまりに期間が短い。一年を通じてその手立てにはなりにくい。

なにかいいものはないかと、いろいろと知恵を絞り、商工会でいろいろな商品を集め、時に商品開発に取り組み…と苦戦していたそんななか、まちにある磯部稲村神社の宮司さんが、こんな話をされました。

山合いを抜けて走る鉄道が多い日本。急勾配が幾つもつづく山間部の風景はとても綺麗だけれど、そこを登っていく列車は大変だ。勾配がキツくなると列車の車輪がすべる。車輪がすべれば、列車は登っていけない。そこで車輪がすべらないよう、レールの上に砂を撒いていたそう。

愛知県豊橋駅から長野県辰野駅を結ぶＪＲ飯田線は、数ある路線のなかでも急勾配を登っていく路線としてとても有名だった。その急勾配を登っていくためには、レールの上に撒く砂選びは格別に重要だった。どんな砂でもいいというものではない、できるだけ硬い砂が必要だった。数々の砂を試した結果、ここ桜川の砂にたどり着き、以降「この桜川の砂でなければ」といわれるほど、絶大の効果を発揮し、信頼を得たのだそうです。

日本の3大石材産地の1つでもある桜川は、良質な御影石が取れることで有名です。御影石、硬いですよね。

硬い石の砂で急勾配を上る列車が滑らない

硬い意志で…すべらない

「すべらない砂」これだっ！

合格祈願の縁起物に、桜川の硬い砂を活用してみよう。

しかも願いが叶ったあかつきには、新春に類稀な天然記念物の桜や山桜が咲き誇り、みなさんをお祝いできる。この地まで訪れてくれるひとが増えるかもしれない。

特大絵馬

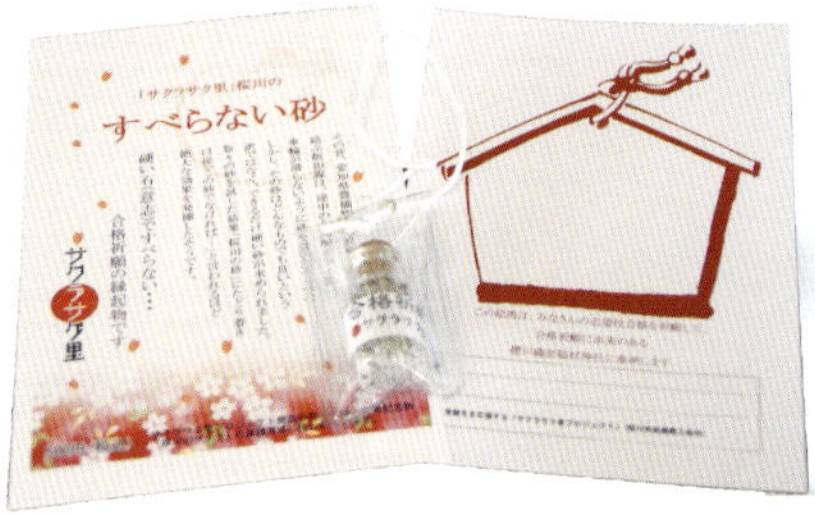

てづくりすべらない砂づくり

見よう見まねでＰＲをはじめてみると、百貨店や塾などから多数の問い合わせが…。

櫻川磯部稲村神社では、絵馬にして合格祈願をすることもはじめました。大きな絵馬も神社内につくりました。祈願用の石もおきました。

プロジェクトのひとたちが手作りでせっせせっせとつくりあげ、多い時には１０００個以上を手作りしました。

しかし、そんなブームは、残念ながら一瞬でした。

忙しくなりすぎて、まちのひともなかなか続けられなくなりました。

天然記念物の桜の方が少しずつ知られるようになり、しかも天然記念物の桜の保全活動がとてもたいへんになって、それどころではなくなってしまったのです。

まちづくりはむずかしい。良かれとおもってはじめたことが、いろいろな成果結果を産んでいく。それをひとつひとつ受け止めて、そのまちに役立つことを背伸びせず、身の丈でつづけていくことが大切なんだな。そんなことを教えてくれました。

「すべらない砂」は、勿論いまでも神社で販売されています。

ご利益は今でも、必ずある。

最近は英検やＴＯＥＩＣなどから、漢字や歴史・ソムリエなど、趣味をいかした各種資格試験が増えていますね。試験の時期もさまざまなので年中試験は行われていて、合格祈願をする機会は一年中。

受験に限らず、就活にも、ご利益ありそうです。

すべらない砂で合格祈願に由来のある櫻川磯部稲村神社に訪れて

絵馬をかけ受験にのぞんで合格したら

サクラサク里・さくらがわに訪れれば

みなさんの努力が報われる見たことのないような桜と山桜が迎えてくれます。

そして、みなさまが祈願した「すべらない砂の売上」は、日本の宝であるサクラの保護育成に活用されます。西の吉野、東の桜川と昔並び称された山桜が、つくば山系の山々を美しくピンクに彩ります。

日本に住んでてよかったな、桜を眺めるたびに、そう思いませんか？

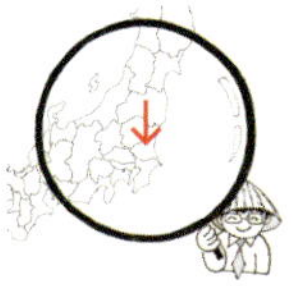

●桜川市
住所：茨城県桜川市久桜川 1−21−1　桜川市商工会
アクセス：JR 水戸線岩瀬駅よりタクシーで約 10 分
URL：http://sakuragawa.or.jp/

高峯山麓山桜

コラム ③

ヤマザクラ再生に向けてキックオフ

桜川市は古来より「西の吉野　東の桜川」と並び称されるヤマザクラの里で、平安時代には紀貫之が歌に詠み、室町時代には世阿弥の謡曲「桜川」の舞台となり、江戸時代には歴代将軍によって、隅田川をはじめ現在の皇居や新宿御苑、小金井等の江戸各所に移植されました。大正13年には櫻川磯部稲村神社の参道及びその周辺が国指定名勝「桜川」となり、さらに昭和49年には名勝指定地内の全てのヤマザクラが国の天然記念物に指定され、その中で特に珍しい11種には個別の名前がつけられています。

さて桜というと、ソメイヨシノを思い浮かべる方が多いと思います。実はソメイヨシノは江戸末期に人の手によって作られた園芸品種。すべて同じ遺伝子構造を持っているので、同じ場所・同じ条件下で一斉に花が咲きます。だから、ソメイヨシノの桜前線が日本列島を順々に北上するのですね。

これに対して自生種（野生のサクラ）であるヤマザクラは、全て遺伝子構造が異なるため、同じ場所でも咲く時期が少しずつ異なり（時には1ヶ月以上も！）、花や芽の色や形、咲き方も個体によって様々、まるで人間のように個性があるサクラなのです。

現在はソメイヨシノのお花見が一般的になっていますが、それ以前は、野生のサクラ一つ一つの違いを楽しみながら自分のお気に入りを見つけ、愛でる、そんなお花見が行われていたのです。１０００年の時を超えて咲き継がれるヤマザクラの風景は、かけがえのない財産です。

この地域固有の資源であるヤマザクラをまちづくりに活かそうと、「ヤマザクラと市民の幸せが咲くまち桜川」や「農・ヤマザクラと共に自活し　繋がる暮らしづくり」など、市のいろいろな計画や戦略に掲げ、日本を代表する「ヤマザクラの里」の再生による持続可能な地域づくりを目指し、保全委員会や各種事業を進めているところです。

名勝指定地の天然記念物のヤマザクラは樹勢が弱まり、残念ながら枯死する桜も出て生きています。一方、山々に目を転じると自生するヤマザクラの周辺を高木樹の幼木が育ちつつあり、将来的にはヤマザクラが隠れて見えなくなってしまう可能性があります。

そこで、まちづくりのシンボルでもあるヤマザクラを後世に残し伝える保全計画を策定する委員会を発足しました。

住民代表、サクラや自然保護の専門家、樹木医、大学、国・県関係機関などのメンバーで委員会は構成され、今後ヤマザクラを地域資源としてどのように活かしていくか？、ヤマザクラの育成環境をどのように整備・改善していくか？、ヤマザクラを後世に残し伝えるために何を行えばいいのか？について議論しています。

ヤマザクラとその他の樹木が織り成す桜川市らしい風景を後世に残し伝えると共に、ヤマザクラの特徴である多様性をまちづくりに活かすことで、他のまちには真似のできない桜川市らしいまちづくりに繋げていきます。

ぜひ一度足を運んでみてください。

1 磯部桜川公園
2 櫻川磯部稲村神社
3 ヤマザクラ委員会
4 さくらがわの春

#6　うずしお

「今日は、午後3時ごろから約1時間で〜すっ」

お店のひとだろうか？そんな声に導かれるように建物の方へ。

ここは、日本一渦潮に近い道の駅、「道の駅うずしお」。

えっ、そりゃそうでしょ！ってツッコミをいれたくなるようなキャッチフレーズがついているこの道の駅は、日本全国１１００を超える道の駅の中でも人気の１駅だったりする。

「こんど淡路島、行ってみませんか？」

ひと懐っこい温和な先輩からまたもお声がけを頂き、出張先の山陰から山陽、そして瀬戸内海へと渡ったのは、まだまだ暖かい日差しが降り注ぐ晩秋。そしてこの日もいい天気。

クルマで岡山から明石海峡大橋を越えて淡路島に入ると、びっくりするほど島感がない。地図で見るとこぶりに見えるこの島にも自動車専用道が通っていて、走っても走っても「陸・りく・リクッ」。島内を北から南へ縦断し約60分で、今日の目的地「道の駅うずしお」に到着しました。

随分と年季の入った駐車場は小さくて静か、クルマも案外少ない。やっぱり平日しかも午前中だしな…なんて思いながら、建物へとつづく誘導路をテクテクと歩き始めた。可愛らしい木のアーケードをくぐり抜けると、ひょっこり見えた道の駅。こちらも思いの外こぶりで、ちょっと古めかしい感じ。さらに入り口には立て看板がたくさん置かれていて、出入り口をすこーし狭めていたりしている。おやおやっなどと思いつつ、店内へに入って超びっくり。

お客さんのうず・うず・うずっ。

所狭しと商品陳列されたなかに、たくさんのお客さまがお買い物を楽しんでいます。

この道の駅の品揃えはなんと驚きの７００種類以上。そして、ドレッシングにジャムにかりんとまで！あわじ名産のたまねぎ関連商品の、うず・うず・うずっ！無類のたまねぎ推しになっている！コレステロール値が気になるわたしは、超釘付けになってしまいました…。

あっ、いかんいかん、おしごとおしごと。

でも観光客気分を忘れては、お客様の琴線と金銭の触れ合いはわからない。半分しごと半分観光気分で、店内を散策しつづけると奥に昭和感満載のカフェが。すこしくたびれた窓越しにうずしおがみえるそんな風景が、この建物と地域の温かみを感じさせてくれる。

1　道の駅うずしお全景
2　駐車場からのアーケード
3　明石海峡大橋
4　２階レストランからの絶景
5　うずの丘大鳴門橋記念館
6　たまねぎ商品群陳列
7　豊富なメニュー
8　ランチ
9　２階レストランからの絶景

そうこうしているうちに、あっという間のランチタイム。

「この上に記念館があるんですよ。そちらでランチいかがですか?」

そんな声に導かれるように、クルマで5分、すこし離れた高台にある施設「うずの丘大鳴門橋記念館」へ移動してみました。

振り返ることうん十年前、昭和の時代にこの大鳴門橋ができたことを記念して、うずしおの見晴らし台としてこの施設ができたんだそうだ。

「昔はたくさんひとが来たんですよ、その後大変な時期があって…でもいまは大盛況です!」

2階にあがると、時代が止まったままの懐かしい食堂がそこに。開放感あるフロアには、懐かしさがこみ上げる店内装飾、椅子、テーブル。そして、大きな窓越しに見える青々とした広い海と島々。素晴らしい景色。

昔よくあったな~、こういった展望レストラン。いえいえ「絶景レストラン!」でした。メニュー看板をみてまたもドキッ。え~、びっくりの品揃えとお値段。道の駅関連で、会席?　アワビの肝焼き??　海鮮うにしゃぶ???

美味しいっ、むちゃむちゃうまい。景色も食事もむちゃむちゃいい、佇まいは昭和、中身は超最先端!すごい、スゴすぎる、なんなんだここは…

たらふく食べて、たくさんお土産を買い込んで、そろそろ帰ろうかと思って建物を出たところに、全国ご当地バーガーグランプリNo1&No2の看板が…

「あわじ島オニオンビーフバーガー」「あわじ島オニオングラタンバーガー」

結局、みんなでシェアしておいしくいただき、おっ玉葱の前で、愉しくみんなで記念撮影しました。

驚きばかりが、無数にある
ちょっとした工夫が、仰山ある
目とおなかをたらふく満足させてくれる
「ダサくいけてる、で行きたいんですよ」

店長のこの言葉を、深く深く胸に刻み込み、淡路島から本州島に引き返したのは、夕方遅くの日没間近、ずっと1日あわじしま&うずしおしてしまいました。

「今日渦潮を見られる時間は、午後3時ごろから約1時間で~すっ」

結局渦潮は見そこねてしまったけど、たくさんのひとを惹きつけるステキなうずをたくさん見ることができた、そんな道の駅でした。

おっ玉葱

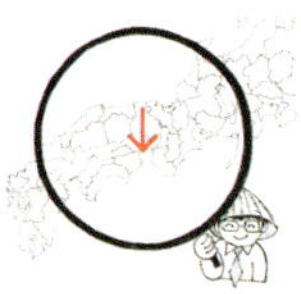

●道の駅うずしお
住所：兵庫県南あわじ市福良丙 947-22
URL：http://www.uzunokuni.com
●うずの丘大鳴門橋記念館
住所：兵庫県南あわじ市福良丙 936-3
URL：http://kinen.uzunokuni.com
※渦潮は、満潮・干潮の前後約 1 時間が見頃です。

船通山（島根県奥出雲町）

#7　たたら

奥に行こう。

山合いに集落が、ある。

割と多く、ある。

国土の75%が山地である日本らしい、生活の風景。

そんなエリアは、中山間地域と呼ばれたりしています。

出雲縁結び空港から、ひと山、ふた山超え、山の奥の、そのまた奥にはいると急峻な谷合い山合いの景色がまるで嘘のように、見渡す限り視界がぽっかりと開け、広々としたみごとに平らな大地がひろがる場所に着きました。

奥出雲
その名のとおり、出雲の国の山深い奥にあるこの地域は、やまたのおろち神話で知られる中国山地にある、小さなまち。日本人の起源ここにあり、ともいわれる奥出雲のこの原風景は、今でも崇高で神々しい限り。なんとも言葉では現せない土地のチカラ、地力を感じます。

ぐるりと広がる平らな大地には、息を飲む美しさの棚田、たなだ、タナダ。

ところどころに残丘と呼ぶポコッとした小山があり、それがいいアクセント・アンジュレーションになっている。先祖のお墓や神社仏閣などがある場所が、たいせつに残されて、このような景観を生み出しているんだそうだ。

「わたし会社辞めます」

とある夜、突然同僚がそんな話をしてきたのは、今から2年半ほど前。志が高く、どこまでも謙虚で優秀なひとは、必ずと言っていいほど旅立っていく。そんな方々を、いままで何人見送ってきたのだろうか?

「わたし島根に帰ります、やりたいこと、いややるべきことがあるんです。

深谷さん、島根とか来たことないですよね。絶対来てください!ご案内しますからっ」

今までのわたしのくらしに、山陰も島根も、一度たりとも登場したことはありませんでした。

出雲大社は頭に浮かぶけれど、島根と鳥取、地図上でどっちが右で左かも正直定かでないし、どうやって行くのかもよくわからない。思いを巡らすのは、びっくりするほど過疎でたいへんだろうなということくらいです。

「絶対来てくださいっ！」

いつもは穏やかなそのひとが力強い眼差しでそう言い残していった元同僚の案内で、半年後島根県を左から右まで高速横断することに。

そのなかの1エリアに奥出雲地方がありました。役場の方々がまったく何も知らないわたしを大歓迎してくださり、まちに息づくさまざまな資産、多方面で活躍するまちの有名人をくまなく案内してくださり、夜には大歓迎会まで開いてくださいました。

東の魚沼、西の仁多と並び称されるとても美味しいお米が取れます。農家の方が直々に握ってくれたおにぎりも、昼食にその方のご自宅で頂きました。お蕎麦もまた格別です。奥出雲和牛も柔らかくてジューシーで、山の幸も素朴で歯ごたえあって超美味でした。

山奥に素敵なまちがあるんだな、素敵なひとたちがいるんだな、などと宴会の席で、この数日を振り返り感慨に耽っていたわたしは、このまち、このエリアの奥深さにまったく気づいていませんでした。これらはほんの入り口にしかすぎなかったのです。

「あっ残丘ですか？　昔、山を削ったんですよ。削って平らになったんです。今はそこでお米を作ってるんです。山を削るときに、先祖のお墓や神社仏閣などがある場所を、たいせつに残したんですね。そこを残丘っていうんです」

とても気さくなそして身のこなしの綺麗な役場職員が、仁多米を頬張りながら、笑顔でその先のまちの歴史文化を語りはじめてくれた…山を削った？　どこを？　えっ、まさか…

そんなことをこんなとこまで

昔やまを削ったんですよ、削って平らになったんです。

とても気さくな、そして身のこなしの綺麗な役場職員が、仁多米を頬張りながら、笑顔でその先のまちの歴史文化を語りはじめてくれた。

「へえ〜っ、やまを削ったんですか？　どの辺りですか？」

「この辺りは、見えているところ全部ですかね」

菅谷たたら

「え〜っ、ぜんぶですか?ぜんぶ!　え〜、どうして?」

ふつうの自然にしかみえない綺麗なこの風景は、大規模にひとの手の入った人工自然美で、それを含んで重文景*にも、日本遺産**にも指定されています。

「たたらって知ってます、深谷さん」

「た・た・ら?」

「鉄をつくっていたんです、昔この地域は…」

た・た・ら?　んっ、もののけ姫でみたような…?

そこからわたしのたたら勉強会が延々とはじまった。

山の木々をどんどん切って、木炭にします。山をがんがん切り崩して土砂をながしく鉄《かん》穴《な》ながしという、その中に含まれる砂鉄を取ります。あつめた砂鉄とつくった木炭をあわせて、日本特有の製法で、3日3晩昼夜ぶっ通しで火を起こし燃やしつづけると、大量の鉄ができます。

鉄づくりって、欧州のものかと思ってましたが、日本にもあったんですね。古くから、しかも独特のやり方で。良質の砂鉄と木炭になる木々を大量に求め、先人たちが探しに探して、中国山地のこの山深いこの奥出雲エリアに行きついたのでしょう。

しかしこの圧倒的に広大な平らな土地が、昔山々だったとは、いかにも信じがたい…しかもここにあっただろう、ダンプ何倍分かまったく想像もできない超大量の土砂は、どこへ行ってしまったんだろうか?

「実はそれ、出雲平野になったんです」

鉄穴流しで流された土砂が奥出雲に源を発する斐伊川から日本海へ。江戸時代には湖へと流れを変え、流れ下った土砂は湖を埋め、新たに生まれた土地には水田が造られたんです。鉄穴流しで流され宍道湖を埋めた土砂は、一説には2億㎡(東京ドーム161杯分)もあるらしいんですよ。私たちの慣れ親しんだ出雲地方の景観は、たたらによって育まれたものなんです。

お話を1つ1つ聴きながら、ふむふむと頷いて、次第に前のめりになっていく。

山合いで鉄をつくり下流域で鉄を加工して。下流のまち安来はハガネの町で世界的にも有名ですよね。そこから北前船で、主に鋤や鍬などの農機具になるために、日本各地へ、時には海外まで運ばれていたんだそうです。

残丘のある風景

鉄の発明は、産業革命以上にすごかったのかもしれません。鋤や鍬などの鉄を使った農機具は、山を開墾し、田畑を耕すことが雲泥の差でラクになり、あらゆる場所で農地ができ、農業が広がっていったことでしょう。まさにくらし革命！すごいぞ！

ということは、たたらは、企業城下町に留まらず、いまの農商工連携や6次産業化、広域連携、はたまた、地域商社じゃないか！

しかし、まてよ…砂鉄を掘って、山から木を切り倒し続けていたら、山は荒れ果てまちはみるも無惨な姿になっているはず。ほら、軍艦島ってそうじゃない…でもそんな感じじゃないんだよね、このあたり…むしろ自然真っ只中１００％に見えるし…

あっそうか、まだ見てないんだねその場所は…

「そうですか。じゃあの山の向こうとか、きっとすごい状態なんでしょうね」

「えっ？」

このまちの奥深さにますます取り憑かれていく自分が、そこにいました。

*重文景《じゅうぶんけい》…重要文化的景観（文化庁）の略語。
地域における人々の生活又は生業及び当該地域の風土により形成された景観地で我が国民の生活又は生業の理解のため欠くことのできないもの（文化財保護法第二条第1項第五号より）
http://www.bunka.go.jp/seisaku/bunkazai/shokai/keikan/

**日本遺産《にほんいさん》
地域の歴史的魅力や特色を通じて我が国の文化・伝統を語るストーリーを「日本遺産（Japan Heritage）」として文化庁が認定するもの
http://www.bunka.go.jp/seisaku/bunkazai/nihon_isan/

斐伊川・出雲平野

キセキのキセキ

山を大量に切り崩して、しかもたくさんの木々を切り倒し続けていたら、あっという間に山は荒れ果てまちはみるも無惨な姿になっているはず。ほら、軍艦島ってそうじゃない…でもそんな感じじゃないんだよね、このあたり…むしろ自然真っ只中100％に見えるし…あっそうか、まだ見ていないんだねその場所は…

「そうですか。じゃああの山の向こうとか、きっとすごい状態なんでしょうね」

「えっ？やまの向こうも同じような風景がつづいていますよ。自然とひとが調和して、この稀に見る素敵な風景が形成されたんです。だからこそ、日本遺産や文化的景観に指定されたんだと思います」

若干会話が噛み合っていない感じだな…

「んっ　そうですか？　じゃあ山を切り崩した跡は、どこにあるんですか？」

「あ～っ　そこです、そここですね。その目の前の田んぼですよ、深谷さん。やまを削ったあとを、開墾して田んぼにしたんです。どうも鉄分が多いらしく、とても美味しいお米が取れるんです」

砂鉄発掘場が、田んぼに変身？

「そう、鉄を運ぶために、牛や馬が飼育されて、いまでも美味しい仁多牛の産地になっています。たたらの技術が変容してそろばん産業も発達しましたし、たたら製鉄が終わったあとも、ガスが普及するまでは、良質な木炭の産地として全国に供給していました」

1つのことが起こると、それがいろんなかたちに広がって、このまちの豊かさをさらに広げてくれていたんですね。たたら操業はかなりの富を得られましたから、鉄師のなかでも有力だった御三家を中心に、たたら操業はこの地域に富と文化をもたらしました。

そしてそして、栄えたまちには必ずいい和菓子が、ある。ここにも、とっても美味しい和菓子がたくさんありました。

へーっ！　奥って、なんかやっぱり凄いな。いや凄すぎるな、アメーバのように広がる奇跡・軌跡・キセキ。

「あっ、そうだ！現代でも、世界で唯一この地でたたら製鉄を続けているんです。この製法じゃないとつくれない、鉄があるんです。いまだにその秘密が解明されてなくって、日

仁多米稲はで

奥出雲和牛

里山放牧

そろばん製作

本文化の象徴であるあの日本刀をつくるのに欠かせない大切な原材料、玉鋼なんです」

え〜っ！あのしなやかで強靭な日本刀を支える材料が、このたたらで作られてるなんて。しかも、この製法じゃないとつくれないなんて、こりゃたいへんだ　ビヨンド・サイエンスだ！村下という鉄の技術師（マイスターか！）がいらっしゃって、その方の元、年に数回だけ、神聖に和鉄づくりが行われているんです。

鉄づくり　圧倒的なイノベーションを興したはずの、たたら操業。

良質な砂鉄と　豊富な森林に恵まれ、たたら製鉄がさかんとなったこの地、このまちは、いまでいう企業城下町だったのです。

それも、日本全体を牽引するほどの　世界へその名を轟かせるほどの…しかも地元の資源資産を多方面に活かし、次々と続けられるしごとをつくっていく。究極のエコシステムじゃないか。なんてこった。

さいきんのにんげんは成長してるんだろうか？　って思わされることが、地域にはいっぱい詰まっています。

たたら御三家・絲原家16代当主と

たたら御三家・櫻井家庭園

たたら御三家・田部家土蔵群と吉田町の町並み

ほんの少しずつでも、それらを掘り起こしていきたい。掘り起こしたモノ・コトを、ふたしかなミライを生き生きとしたミライに変える力にしたい。珍しく、そんな夢物語みたいなことを思いながら、奥のそのまた奥のさとやまを降りるのでした。

「深谷さん、どうでしたか島根?」

満面の笑顔で、元同僚が訪ねてくる。

「なんにも知らないって、やっぱりあかんな〜。凄すぎるの先だったよ。誘ってくれて本当にありがとう、気持ちを新たに日本中の地域と世界の地域と向き合っていくよ。都会も田舎もない、すべてはフラットな『地域』だね」

「よかった〜、誘ってみて」

まちづくりフレームは、簡単だ。

資産を魅力にすればいい、魅力にし続ければ、多様な広がりがうまれ持続可能なまちづくりができていく。そんな事実をすべてこの地の先人に垣間見せてもらった。何にも変え難い素晴らしい日々になった。これがまちづくりのホンシツだ。

その後、山陰へビーローテーションとなり、会う人会う人たたらつながりになり、山を越えて鳥取たたらともつながり、いまや5つの市町とたたらとそのくらしに向き合うことになっています。

そして、自分の大切な恩師がたたらに関わっていたことが後から分かったり、別件でつながった地元の先生が深く長くたたら研究をされていたり…この類まれなる「ご縁」つづきは、どう考えても、SNSなどを越えて、出雲の神さまの思し召としか、思えないのです。

原材料が文化を創る。

そして近々、みなさんも、やたらたたらを目にする機会がきっと来るはずです。

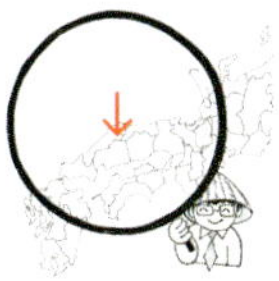

●島根県奥出雲地方
奥出雲ごこち URL：https://www.okuizumogokochi.jp/
鉄の道文化圏推進協議会 http://tetsunomichi.gr.jp/

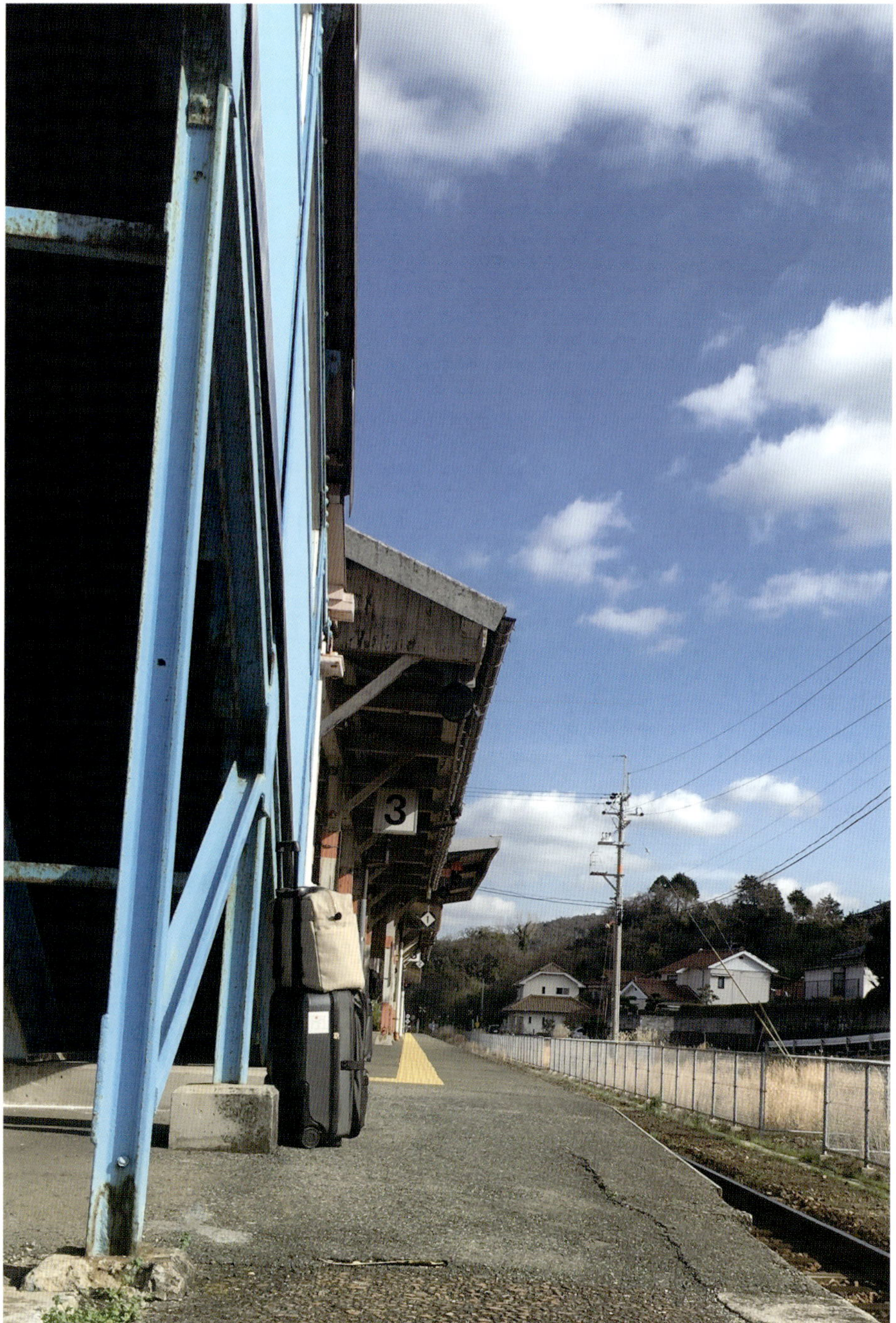
3

#8　おわりに　そしてつづく

いかがでしたでしょうか？　日本トコトコッ

この度、ハーベスト出版さまとの素敵なご縁を頂戴し、博報堂ホームページの連載コラムをベースに書籍化させていただきました。

日本の日常は、津々浦々、いろいろな表情をみせてくれます。

地域にふらっと入って、そんな一端を垣間見させていただきながら、そこで感じたなにかをみなさまと共有し、日本中をトコトコッと歩いて参りました。

その地に行かなければわからないこと
その瞬間にしか、感じることができない何か
そんな大切な何かを目の当たりにしたとき、アナログ体験の積み重ねがきっと明日の日本の礎になる、そんな気がしてなりません。

まだ見ぬ地へ
一歩一歩、半歩半歩、ゆっくりゆったり歩んでいきたいと思っております。

今回の執筆にあたり、多くの方々からたくさんのご協力・ご助言をいただきました。取材先でお会いしました内田さま、小谷さま、宮地さま、近納さま、鈴木さま、曽根原さま、中川さま、三成さま、谷田部さま、山口さま、渡辺さま、渡邉さま、掲載にあたりご尽力いただきました川浦さま、をはじめすべての地域の皆々様に厚く厚く感謝申し上げます。
引続き、日本トコトコッよろしくお願いいたします。

ご参考）
博報堂HP連載コラム：日本トコトコッ
http://www.hakuhodo.co.jp/archives/column_type/nippon-tokotoko

写真提供／
茨城県桜川市
鳥取県日野町
公益財団法人福武財団
島根県江津市
道の駅うずしお
島根県奥出雲町
鉄の道文化圏推進協議会

深谷信介 shinsuke fukaya
博報堂ブランドデザイン
スマート×都市デザイン研究所長

メーカー・シンクタンク・外資系エージェンシーなどを経て、博報堂入社。事業戦略・新商品開発・コミュニケーション戦略等のマーケティング・コンサルティング・クリエイティブ業務や都市やまちのブランディング・イノベーションにも携わっている。
主な公的活動：総務省 地域人材ネット 外部専門家メンバー／千葉県地方創生総合戦略推進会議委員／富山県富山市政策参与、茨城県つくばみらい市・桜川市参与、鳥取県日野町参与、一般社団法人 日本シティマネージャー協会 理事ほか

日本トコトコッ　vol.1
２０１８年２月26日　初版第１刷　発行
筆者：深谷信介
発行：ハーベスト出版
島根県松江市東長江町９０２-５９
ＴＥＬ ０８５２-３６-９０５９
ＦＡＸ ０８５２-３６-５８８９
E-mail harvest@tprint.co.jp
URL http://www.tprint.co.jp/harvest/
印刷製本：株式会社谷口印刷
Printed in Shimane Japan
ISBN978-4-86456-265-2　C0095